CHAMBRE DE COMMERCE DE TOULOUSE

PROJET DE LOI

SUR

LES FAILLITES

Séance du 30 Novembre 1885

TOULOUSE

IMPRIMERIE DOULADOURE-PRIVAT

RUE SAINT-ROME, 39

1885

PROJET DE LOI

SUR

LES FAILLITES

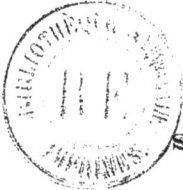

Séance du 30 Novembre 1885

TOULOUSE

MPRIMERIE DOULADOURE-PRIVAT

RUE SAINT-ROME, 39

1885

PROJET DE LOI

SUR

LES FAILLITES

Séance du 30 Novembre 1885

M. Albert Deffès, au nom de la Commission d'économie et de législation[1], donne lecture du rapport suivant :

MESSIEURS,

M. le Ministre du commerce a invité notre Chambre à formuler son avis sur le projet de réforme de la loi des faillites qui est soumis au Parlement.

Ce projet s'est produit à la suite de diverses propositions présentées par M. Saint-Martin, député de Vaucluse, qui avait en vue une refonte générale de la législation; par MM. Waddington et Dautresme, qui, poursuivant un but moins étendu, réglaient seule-

1. Cette Commission est composée de MM. Ozenne, ancien président du Tribunal de commerce, président; Constantin Manuel, Albert Deffès, Jean Montano, Marc Millas.

ment les formes des concordats amiables ou liquidations volontaires, et enfin, par le Gouvernement lui-même, qui modifie les règles en vigueur pour les simples suspensions de paiement.

Sur ces éléments, une Commission de la Chambre, dont M. le député Laroze était rapporteur, a rédigé, dans un esprit nouveau, un texte définitif qui a été pris en considération.

C'est cette dernière œuvre qui doit faire l'objet principal de notre plus sérieux examen.

Dans le rapport que j'ai l'honneur de vous soumettre, j'essaierai d'établir :

1º Que la loi qui régit la faillite répond, dans son économie générale, aux premiers besoins du Commerce ;

2º Que le projet de réforme ne réalise pas les améliorations recherchées et porte, au contraire, atteinte aux principes essentiels de notre législation.

I.

Le point d'honneur professionnel du plus grand comme du plus petit commerçant est de payer sa dette. Le commerçant ne vaut, en effet, que ce que vaut sa signature. S'il *manque* à sa promesse, *il faillit* à son premier devoir ; de là, sa déchéance, et, de là, *la faillite.*

Les intérêts de la moralité des affaires et de la sécurité du Crédit exigent qu'il en soit ainsi. Tel est le principe que nos législateurs ont voulu consacrer.

Dès le début de notre développement commercial,

l'Ordonnance royale de 1673, rédigée par Colbert,
donnait déjà une réglementation à la faillite. De nom-
breuses déclarations ne tardèrent pas à compléter et
à modifier ces premières dispositions. Le besoin de
mesures nouvelles et plus sévères amena la promul-
gation du Code de commerce de 1808. Après une
pratique de près de trente années, il fut reconnu
nécessaire d'apporter au régime de la faillite de no-
tables adoucissements. Le débiteur malheureux et
honnête était voué avec le débiteur coupable et de
mauvaise foi aux mêmes rigueurs. De justes récla-
mations s'élevèrent. Sur l'avis des Cours, des Tribunaux et des Chambres de commerce, une nouvelle
loi sur la faillite, adoptée en projet en 1836, mo-
difiée en 1837, fut définitivement votée et promul-
guée le 28 mai 1838. C'est la législation qui nous régit
encore aujourd'hui, amendée par la loi du 17 juillet
1856, qui autorise les concordats par abandon d'actif
et par la loi du 12 février 1872, qui a réduit le privilège du bailleur.

L'inspiration de la loi de 1838 émane donc d'une
pensée d'humanité qui a voulu améliorer le sort
du débiteur honnête et malheureux. Toutefois, les
intérêts du créancier et de l'ordre public ne subirent
aucune atteinte. Il avait été essentiel d'introduire
d'abord, dans les habitudes du Commerce, l'esprit
le plus moralisateur; de là, les rigueurs de la loi
de 1808; mais dès que les mœurs commerciales
purent, sans danger, recevoir un régime plus libé-
ral, le législateur n'hésita pas. Cette loi, réfléchie
avec maturité, corrigée avec réserve, représente,
comme le dit M. Courcelle-Seneuil, Conseiller d'État,

un ensemble de constructions solides qui abritent, depuis bientôt cinquante ans, les plus sûres garanties du Crédit public.

En jetant, en effet, un regard sur le passé, à combien de fortunes diverses ne voyons-nous pas exposée la vie commerciale de notre pays? Cependant, au-dessus de tous les sujets de transformations, de troubles et de ruines, nous apparaît la constitution puissante du Commerce Français, qui a su mériter le renom de meilleur payeur du monde.

Vous reconnaîtrez, Messieurs, qu'une loi qui a pu faire face aux exigences multiples d'une période à la fois si brillante et si tourmentée a donné la preuve éclatante de son influence salutaire.

Est-ce à dire qu'on ne doive pas encore apporter d'utiles améliorations à notre réglementation des faillites? Nous ne le prétendrons pas. Mais nous devons, avant tout, repousser, au nom des intérêts que nous représentons, l'adoption de toute réforme qui porterait atteinte aux principes essentiels consacrés dans notre législation. Si la loi paraît incomplète, il sera facile de combler ses lacunes; mais, puisqu'il est reconnu téméraire de reconstruire à neuf l'édifice, ne pouvant faire mieux, pourquoi rompre ses grandes lignes, au risque de l'ébranler?

La liquidation des commerçants insolvables se trouvera toujours fatalement soumise aux formes définitives de la faillite. La faillite restera l'état que le monde courant des affaires constate, comme une sorte de décès, pour tout commerçant qui a cessé ses payements. Cet état de failli résulte du fait matériel du débiteur lui-même; la loi a pris soin de l'établir, dès ses premières dispositions. Le jugement déclaratif ne crée pas cet état, il en donne l'affirmation ; le caractère particulier de son intervention est de produire ses effets *erga omnes,* à l'égard de tous, même de ceux qui n'ont été nullement liés ou représentés au procès. Mais, à l'égard du failli, le jugement édicte, suivant l'expression saisissante de M. Boistel, professeur à la Faculté de Droit de Paris, *une vérité absolue.* La pensée dominante du législateur a donc été de consacrer le principe rappelé tout à l'heure, que le commerçant qui ne peut remplir ses promesses encourt, *ipso facto,* sa première déchéance. C'est bien là la sanction supérieure de l'inexécution de l'engagement commercial pour le dommage apporté au corps social tout entier et pour la réparation réclamée par l'intérêt de la moralité publique.

Les plus louables sentiments de commisération, inspirés par la pensée de la flétrissure qui atteint le débiteur même de bonne foi ne pourront soustraire celui qui tombe aux conséquences inévitables de sa chute. Telle est, cependant, la tentative que les auteurs du projet d'une nouvelle loi n'ont pas hésité d'entreprendre. Dans la préparation de leur tâche, ils se seront pénétrés, sans doute, de la vérité de cette déclaration inscrite en tête de la proposition du Gouvernement : *Si toute loi est difficile à faire,* disait M. le garde des sceaux Humbert, *une bonne loi sur les faillites l'est beaucoup plus encore que les autres.* Quoi qu'il en soit, nous devons rechercher si les moyens qu'on nous propose réalisent ce généreux dessein et garantissent à la fois les intérêts du débiteur, des créanciers et de l'ordre public.

II

L'innovation capitale du projet présenté par M. Laroze, au nom de la Commission parlementaire, consiste
dans la création d'une procédure qui reçoit le nom
de liquidation judiciaire. C'est un nouveau mode de
règlement entre les créanciers et leur débiteur de
bonne foi, bien qu'il ait discontinué de faire honneur
à ses engagements. Vous le voyez, le principe fon-
damental jusqu'ici consacré, que la cessation de payement entraîne la faillite, se trouve sensiblement altéré
sinon tout à fait détruit. Quels sont donc ces moyens
de salut donnés au débiteur et ces mesures conserva-
trices de leur gage offertes au créancier?

En voici toute l'économie :

*Tout commerçant désireux d'ouvrir sa liquidation
présentera requête au Tribunal de Commerce, en dépo-
sant son bilan au greffe dans les dix jours où il aura
fermé sa caisse. Intervient un jugement qui le constate
et lui nomme un liquidateur, sous la surveillance du-
quel lui-même continuera de vendre et de recouvrer.
Passé trois jours, on convoque les créanciers, qui exa-
minent la situation à l'aide d'une vérification suivie
par deux contrôleurs. Puis, sous la présidence du
juge-commissaire, la masse, dont les titres ont subi
l'épreuve de l'admission, reçoit en Assemblée générale
les propositions d'atermoiements, c'est-à-dire de réduction et de remise. Le traité, pour être régulièrement
conclu, exige la majorité en nombre des adhésions, re-
présentant les deux tiers en sommes. Après quoi, le Tri-*

bunal rendra le sacrifice obligatoire pour tous, en vertu d'une décision homologative. De la sorte, en six mois, délai maximum, la liquidation judiciaire se termine, et les fonctions du liquidateur, et la mission des contrôleurs prennent fin aussitôt.

Moyennant ce, bien que le fait soit certain, le commerçant insolvable n'aura jamais été en état de faillite, il recouvre tous ses droits civils et politiques à l'exception de l'éligibilité aux fonctions consulaires.

En seconde ligne seulement revient la qualification de failli, avec toutes les conséquences attachées à l'état d'union, si le débiteur n'a pas songé à se mettre en liquidation, ou s'il a commis des fraudes dans le règlement de ses affaires, ou si la faveur du concordat ne lui a pas été accordée, ou si cet accord a été annulé, résolu. Au dernier plan apparaît le spectre de la banqueroute. Ici, à part certaines modifications dans le détail, l'ensemble de la loi de 1838 serait à peu près conservé.

Ainsi, la requête faite dans les dix jours de la cessation de payement constitue la première condition que le débitenr devra remplir pour obtenir le bénéfice de la liquidation judiciaire. C'est dans les trois jours de la cessation de ses payements que le failli, vous le savez, est tenu de déposer son bilan. Cette différence a peu de portée; mais ce qui frappe tout d'abord, c'est que l'admission à la liquidation puisse être consentie sur la demande même du débiteur. Le premier élément d'appréciation résulte donc de l'affirmation de celui qui a tout intérêt à la produire et qui n'aura certes pas négligé de se constituer les titres nécessaires à ces fins.

Cette déclaration, faite à son heure et revêtue des apparences de la sincérité, ne peut établir, ce nous semble, une présomption suffisante de la bonne foi du débiteur. On dit bien que si les vérifications révèlent des faits répréhensibles, le débiteur sera aussitôt mis en faillite; n'y comptez pas. Le débiteur, une fois admis à la liquidation judiciaire, en sortira bien rarement. Pourquoi donc accorder, sur le seuil de la faillite, un privilège qui, en toute équité comme en bonne logique, doit résulter de sa conclusion?

L'expérience nous démontre, chaque jour, que la formalité du dépôt du bilan fournit depuis longtemps les moyens aux banqueroutiers de se transformer en simples faillis; la réforme que l'on propose permettra, désormais, à tous les faillis de se poser en débiteurs intéressants. Un vieux brocard du Palais disait : *Les commerçants seuls ont le droit de faillir;* sous ce régime protecteur de la dette impayée, il nous serait donné de dire : *Les commerçants seuls ont le pouvoir de ne plus payer.* A ce compte, l'intérêt matériel du débiteur est trop manifeste ; mais, a-t-on encore amélioré sa situation morale? Nous ne le pensons pas. Le *liquidé judiciaire,* placé sous la surveillance de contrôleurs et d'un liquidateur qui ne s'appellera plus syndic, en vertu d'un jugement non publié mais que le secret ne couvrira pas, ne restera pas moins aux yeux de tous un failli. On le comprend si bien, qu'il est jugé indigne d'exercer, comme par le passé, ses droits au milieu de ses pairs; il est exclu de toutes les fonctions honorifiques du commerce. Il recouvre, il est vrai, par une faveur trop peu respectueuse des plus hautes représentations, toutes ses autres capacités civiles et politiques. Espérons au moins que jamais un *liquidé judiciaire* ne se consolera sur un siège de sénateur ou de député, de sa déchéance consulaire. On ne peut donc guérir des plaies inguérissables.

Examinons si le second but de la réforme, qui tend à apporter aux créanciers de meilleurs résultats pécuniaires, sera mieux obtenu. Nous avons vu que toute l'économie de la procédure cherchait à assurer au débiteur les plus grands ménagements pour lui éviter le discrédit qui ne manquera pas, malgré tout, de l'atteindre. Ces opérations, conduites dans l'ombre et le mystère, ne seront pas certainement connues de tous les créanciers. Néanmoins, les effets du jugement dépourvu de publicité se produiront *erga omnes* et formeront les causes de graves difficultés et de forclusions rigoureuses. Les avantages du concordat, refusés désormais au failli, priveront les créanciers des secours des cautions, des interventions bienfaisantes, qui se présentent le plus souvent à la dernière heure.

Les créanciers peuvent-ils, d'ailleurs, espérer que les débiteurs embarrassés n'éprouverout plus les mêmes hésitations à venir faire l'aveu empressé de leur situation, avant d'avoir consommé leur ruine ? La liquidation judiciaire éviterait-elle ainsi les résultats désastreux des faillites ? Attendre un pareil retour serait fort mal connaître les exigences du cœur humain. Le rapporteur lui-même paraît peu convaincu ; *sans doute*, dit M. le député Laroze, *la règle ne sera pas sans exception. La loi n'empêchera pas certains commerçants d'espérer contre toute espérance et de se livrer à la pratique décevante de ce qu'on appelle très improprement les règlements amiables.* Mais, Messieurs, il en sera toujours ainsi et l'illusion est grande lorsqu'on qualifie d'exception ce qu'une observation intéressée ne cesse de constater partout. Epuiser les dernières ressources pour lutter jusqu'au dernier jour, *en espérant contre toute espérance,* sera, quoi qu'il advienne, la destinée de tous ceux exposés aux surprises de la vie aventureuse des affaires, de ceux, surtout, qui, après avoir tout perdu, conservent encore le courage et parviennent quelquefois à dominer la plus adverse fortune. En somme, avons-nous plus à perdre des suites de cette résistance opiniâtre, même aveuglée, qui produit des exemples moralisants et réparateurs, que nous n'avons à gagner des effets d'un système qui, supprimant les efforts, assurera une sorte de lieu d'asile aux habiles et aux effrontés?

Les arrangements amiables, croyez-le bien, répondront toujours mieux aux convenances de tous les intérêts et aux besoins légitimes d'indépendance nécessaire au Commerce. On ne justifie le droit d'intervenir judiciairement pour réglementer les atermoiements et discipliner les transactions que par des motifs qui relèvent de l'ordre public ; la faillite seule peut les autoriser. Jusques-là, toute dérogation au principe de la liberté des conventions est dépourvue de base juridique. Il faut laisser au Crédit son plein essor et à chaque initiative le choix et le soin de sa conduite.

Le développement excessif du nombre des opérateurs, le besoin immodéré des jouissances, la poursuite effrénée des entreprises rapides et lucratives, le manque d'esprit de suite et l'imprévoyance, sont autant de causes de profits ou de pertes qui livrent aux plus grands hasards le sort de toutes les réalisations. A un

créancier avisé qui se dégage, succède un créancier
plus confiant, et le péril de l'un fait souvent le salut
de l'autre. Tout ceci est affaire de mœurs, de nécessités d'existence, de progrès social et économique...
C'est la fortune du Commerce. Les lois y seront toujours pour peu de chose.

La liquidation judiciaire n'est donc qu'une dernière
extrémité pour le débiteur aussi bien que pour le
créancier. Elle ne retirera que des épaves du nau-
frage que le malheur, la négligence ou l'inconduite
auront amené. C'est la faillite moins son nom, et par-
tant, la faillite dépourvue de sa portée morale et de
sa sanction exemplaire. En recourant aux euphémis-
mes, premiers destructeurs de toutes les justes notions,
on efface vainement un titre humiliant et odieux, on
énerve la protection due à l'intérêt public, on affaiblit
une crainte qu'il est nécessaire d'entretenir.

Cette réforme dangereuse, ne réalisant pas le
double but qu'on s'était proposé, n'a plus de raison
d'être

III

utrement réfléchi et prudent nous paraîtrait le
projet élaboré par le Conseil d'Etat, s'il n'établissait
pas, avant la faillite, une procédure préliminaire pour
le règlement des simples suspensions de payement.
C'est une sorte de liquidation judiciaire, basée sur
une donnée vicieuse, puisqu'elle ouvre le champ aux
interprétations les plus opposées sur le fait si com-

plexe de la cessation de payement. Ses effets seraient encore nuisibles au principe que nous défendons.

La Cour de cassation, mieux inspirée, se prononce résolûment en faveur de la loi actuelle ; elle se borne à proposer le rapport de la faillite par le même jugement qui homologuera le concordat, lorsque le débiteur, reconnu de bonne foi, paiera, sur le montant des créances vérifiées, 25 % comptant, ou 50 % à délais fixes et suffisamment garantis. Dans ce cas, le débiteur est relevé *de toutes les incapacités attachées à l'état de faillite, sauf celle de pouvoir être nommé à aucune fonction élective.* La Cour Suprême maintient donc la faillite comme règle unique de la cessation de payement; elle apporte ensuite un amendement qui ne peut gravement altérer la sanction de l'engagement commercial.

Ce principe consacré, nous ne voudrions pas être inutilement rigoureux. Nous sommes, en effet, pénétrés de tout l'intérêt que mérite un commerçant honorable devenu la première victime de faits indépendants de son pouvoir et de sa volonté. Nous sentons tout ce que commande d'égards une situation aussi pénible, lorsqu'elle est aussi excusable ; les meilleurs et les plus honorés n'en sont pas à l'abri. Cependant, le législateur, en édictant des sévérités réclamées par les nécessités d'un ordre supérieur, peut-il faire la part des cas exceptionnels? N'expose-t-il pas son œuvre aux dangers des appréciations trop indulgentes ou très arbitraires?

La proposition la plus sage qui émane de la plus haute autorité peut déjà nous édifier. Elle accorde un privilège à un débiteur, exempt de tout reproche, au prix d'une exécution pécuniaire déterminée. Ce sera souvent beaucoup trop, et quelquefois pas assez. Ne serait-il pas réellement inique de refuser à un malheureux débiteur, digne de toute compassion, mais qui ne peut réaliser, malgré tous les sacrifices, une quotité prescrite, la faveur consentie à un autre, non plus méritant, qui pourrait peut-être payer une quotité supérieure ?

Tous les efforts essaieront donc en vain de concilier légalement les nécessités des affaires avec les exigences des sentiments.

Messieurs, ne demandons pas à la loi ce que la loi ne peut nous donner. C'est un grand travers de nos temps de reprocher sans cesse à l'imperfection des institutions, les difficultés et les maux que le relâchement des liens de la moralité publique a fait naître. Retenons l'instructive parole du président Larombière à la Cour de cassation; aussi bien elle exprime au sujet du projet qui nous occupe, cette juste et sévère censure : *Les lois sont d'ordinaire critiquées plutôt par ceux qu'elles gênent que par ceux qu'elles protègent.*

En cette occurrence, si vous ne voulez pas que le fait de ne plus payer sa dette soit considéré à l'égal d'un simple accident, il nous reste encore mieux à faire que discourir et légiférer. L'observation des règles de la probité, de la prudence, de l'ordre et de l'économie seront toujours les seuls moyens pour bien conduire nos affaires et éviter la faillite.

Sous le bénéfice de ces considérations, j'ai l'honneur, Messieurs, de vous proposer la délibération suivante :

LA CHAMBRE DE COMMERCE DE TOULOUSE convaincue, d'une part, que dans l'intérêt de la moralité des affaires et de la sécurité du Crédit, la faillite doit rester la règle absolue de la cessation de payement; que, si des modifications sont reconnues nécessaires pour simplifier la procédure, corriger ses lenteurs, diminuer la charge des frais, contrôler la gestion des syndics, il suffit d'établir des dispositions accessoires qui n'altéreront en rien l'esprit de l'économie générale de notre législation; que la loi en vigueur, consacrée par une longue expérience, peut, en toutes circonstances, *dans son observation régulière et scrupuleuse,* répondre aux légitimes besoins du Commerce; convaincue, d'autre part, que la réforme proposée par M. le député Laroze, au nom d'une Commission parlementaire, ne réalise pas le but qu'on voulait atteindre, qu'elle institue, par *la liquidation judiciaire,* une réglementation préliminaire qui amènera dans la pratique l'abandon de la mesure fondamentale, qu'elle porte ainsi la plus grave atteinte aux principes essentiels qui régissent la matière, émet l'avis :

1° Que le projet de loi sur la faillite soumis aux Pouvoirs Publics doit être rejeté;

2° Que la loi organique des faillites actuellement en vigueur doit être maintenue;

3° Que certaines dispositions accessoires doivent

être introduites dans notre législation pour réaliser, au profit de tous les intérêts, des améliorations dont nous précisons notamment les suivantes :

Diminution des délais entre les diverses opérations de la faillite ;

Admission d'urgence sur les rôles d'audience des Cours et des Tribunaux de tous les procès se rattachant à la faillite ;

Nomination d'un ou deux créanciers chargés par la masse de contrôler la gestion des syndics ;

Séparation des biens du failli de ceux de sa femme, résultant de droit du jugement déclaratif de faillite ;

Réduction des intérêts exigibles pour la réhabilitation, qui pourra être obtenue même en faveur d'un failli décédé.

Après délibération, la Chambre de Commerce de Toulouse vote à l'unanimité les conclusions de ce rapport, décide qu'il sera imprimé et adressé à M₁ le Ministre du commerce, aux sénateurs et députés de la Haute-Garonne et aux Chambres de Commerce.

Le Président
de la Chambre de commerce de Toulouse,

COURTOIS de VIÇOSE.

Le Rapporteur,

ALBERT DEFFÈS.

Toulouse, imprimerie Douladoure-Privat, rue Saint-Rome, 39. — 1368

www.ingramcontent.com/pod-product-compliance
Lightning Source LLC
Chambersburg PA
CBHW050426210326
41520CB00019B/5814